Christoph Morgner

Das Lachen ist des Glaubens liebstes Kind

Gute Gründe für ein Leben mit Humor

BRUNNEN
VERLAG GIESSEN · BASEL

Dr. theol. Christoph Morgner, verheiratet, »gerne« Vater und inzwischen Großvater, ist Präses des Evangelischen Gnadauer Gemeinschaftsverbandes e.V. Im Brunnen Verlag ist er Mitherausgeber der Bibellesen »Termine mit Gott« und »Bibel für heute«.

www.brunnen-verlag.de
Umschlagmotiv: Corbis, Düsseldorf
Umschlaggestaltung: Ralf Simon
Satz: DTP Brunnen
Herstellung: Ebner und Spiegel, Ulm
ISBN 978-3-7655-4007-3

Dieses Buch ist meinen lieben Enkeln gewidmet:

Daniel
Jonathan
Lara Frederike
Miriam Amelie
Marie-Theres

Inhalt

Vorbemerkungen 7

Einleitung 9

1. Was den Humor bei Christen bremst 15

Meine Freude wird getrübt
Meine Freuden nutzen sich ab
Ich verhalte mich »cool«
Ich habe Christsein nicht verstanden

2. Was den Humor bei Christen auslöst 23

Das verwandelte Leben
Der geschenkte Himmel
Der Blick ins Herz

3. Was den Humor bei Christen lebendig erhält 33

Die kunterbunte Gemeinschaft der Christen
Die Begegnung mit Fernstehenden
Die Gelassenheit des Glaubens
Die Befreiung aus Slebstverliebtheit und Selbstüberschätzung
Das Wissen um Gottes herrliche Zukunft

Vorbemerkungen

Ich lache gern. Wenn etwas Fröhliches erzählt wird, spitze ich begierig meine Ohren. Meist fällt mir dann auch etwas ein, das ich beisteuern kann. Dann freuen wir uns gemeinsam.

Ich bin davon überzeugt: Glauben, Freuen und Lachen gehören eng zusammen. Deshalb will ich in diesem Buch nicht tiefschürfend beweisen, dass Gott auch Humor hat und dass Jesus gelegentlich gelacht hat. Nur wenn das auf der Hand liegt, so meinen manche, kann auch uns Christen das Lachen zugestanden werden. Diese Argumentation wirkt auf mich künstlich und bemüht. Dann werden alle möglichen und unmöglichen Bibelstellen zusammengeklaubt, um zu belegen, was sachlich selbstverständlich ist.

Nein, ich mache es anders: Ich will aufzeigen, dass Glauben und Lachen zusammengehören. Wer an Jesus Christus glaubt, wird zu einem fröhlichen Menschen. Und das nicht nur innerlich, jeder still für sich, sondern auch sichtbar und erlebbar nach außen. Sonst stimmt etwas nicht. Auch eine christliche Gemeinde ist krank, wenn in ihr nicht häufig und herzhaft gelacht wird.

Die Witze und Anekdoten, die in diesem Buch enthalten sind, habe ich irgendwann und irgendwo aufgeschnappt. Damit man das Buch auch wirklich liest und nicht nur die Stellen zum Lachen herauspickt, habe ich diese nicht sonderlich hervorgehoben, sondern in den laufenden Text eingestreut.

Ich wünsche jedem, der nach diesem Buch greift, dass ihm der Kern des christlichen Glaubens, Jesus Christus, groß und wichtig wird. Dann kommt die Freude von allein. Und wenn wir sie mit anderen teilen, wird sie größer und reicher.

Dr. Christoph Morgner, Kassel

Einleitung

Die Karikatur spricht Bände: Ein schwarz gekleideter Mann sitzt auf einer Parkbank. Er sieht aus, als hätte er in eine Zitrone gebissen. Seine Stirn liegt in Falten. Die Mundwinkel sind heruntergezogen. Ein trauriges Bild! Da wird er von jemandem angesprochen, dem das nahegeht. Unser Mann gibt zurück: »Nein, ich bin kein Geistlicher, ich bin nur seit einigen Tagen krank!«

So wird das also eingeschätzt: Wenn jemand trüb daherkommt, dann passt das gut zu Glauben und Kirche. Schwarz, trübselig und traurig – wahrscheinlich wird es ein Pfarrer sein.

Ein Einzelfall? Leider nein. Viele unserer Zeitgenossen sind überzeugt: Christliches und Spaß, Glauben und Humor schließen sich aus. Sie verhalten sich zueinander wie Feuer und Wasser. Ein Christ hat nichts zu lachen. Er ist vor allem ein ernster, gesammelter Mensch. Wenn ich Christ werde, dann muss ich mir die Lebensfreude abschminken. Dann wird's bitter und herb. So, wie wenn ich mir Senf auf Streuselkuchen schmiere. Das verdirbt den besten Geschmack. Lieber nicht!

Handelt es sich dabei nur um ein Zerrbild derer, die den Christen übelwollen und die vom Glauben nichts verstanden haben? Ich habe den Eindruck: Wir Christen geben immer wieder Anlass, solch ein unmögliches Bild vom Glauben und vom Christsein zu pflegen.

Manche Predigt gleicht – vor allem anderen – einer düsteren Auflistung von Problemen und Krisen aller Art. Wohin der Prediger auch schaut, geht es dunkel und trüb zu: Arbeitslosigkeit, Umweltverschmutzung, Hunger in der Dritten Welt, Klimakatastrophe, Korruption, Kriege da und Terror dort. Beispiele dafür fallen dem Prediger reihenweise ein. Die Hörer werden vom Trübsinn auf der Kanzel angesteckt. Das freundliche Bibelwort zum Schluss soll die finstere Stimmung aufhellen, aber es greift nicht mehr so recht. Zu melancholisch ist alles gewesen, was vorher ausgebreitet wurde. So gehen die Gottesdienstteilnehmer nicht gestärkt und ermutigt nach Hause, sondern eher deprimiert.

Auch die Art mancher christlichen Veranstaltung lässt kaum vermuten, dass dort eine Freudennachricht zu Hause ist, die das Herz höherschlagen lässt. Es geht mancherorts eher still und gedämpft zu. Schmunzeln oder gar schallendes Lachen im Gottesdienst? Wir sind doch in der Kirche!

Dabei haben wir als Christen eine Botschaft, die Freude auslöst. Sie wirkt sich überall positiv aus, wo sie gehört und aufgenommen wird, selbst in Krisen und an grauen Tagen, die natürlich auch zum Leben gehören. Aber eben nicht nur! Es fällt richtig auf, dass das Neue Testament von Zuversicht und Freude durchzogen ist. Schon bei der Geburt von Jesus haben die Engel gejubelt: »Siehe, ich verkündige euch große Freude, die allem Volk widerfahren soll« (Lukas 2,10). Als Jesus sich später von seinen Jüngern verabschiedet, verspricht er ihnen: »Eure Freude soll niemand von euch nehmen« (Johannes 16,22). »Freude« gehört zu den leuchtenden Hauptworten in der Bibel: »Seid nicht bekümmert, denn die Freude am HERRN ist eure Stärke« (Nehemia 8,10), so wird es dem Volk Gottes bereits im Alten Testament versichert.

»Freude« gehört zu den leuchtenden Hauptworten in der Bibel.

Kaum tritt Jesus öffentlich auf, treffen wir ihn auf einer Hochzeit an. Dieses Fest verstand man im Orient zu feiern. Der Wein fließt reichlich. Musik spielt zum Tanz auf. Und das mehrere Tage hindurch. Und Jesus? Der freut sich mit den Fröhlichen. Und mitten im Jubel dieses Festes setzt er sein erstes Zeichen: Er verwandelt Wasser zu Wein.

Es war zu allen Zeiten für viele Christen nicht einfach, das zu verkraften: Jesus auf einer Hochzeit, locker und fröhlich mittendrin. Er hat sogar seine Jünger mitgebracht. Jesus protestiert nicht. Es sitzt nicht fromm-ernst abseits. Er tauscht die Noten der Musikkapelle nicht gegen das Kirchengesangbuch aus. Nein: Indem er eine riesige Menge Wasser in Wein umwandelt – es waren circa 600 Liter –, setzt er der Festlichkeit die Krone auf.

Ich hörte dazu einmal den Kommentar eines Christen, dem das offenbar außerordentlich peinlich war; er meinte: »Na ja, das beste Stück von unserem Herrn Jesus ist das auch nicht gewesen!«

Aber die Tatsache steht unverrückbar fest: Jesus verwandelt Wasser in Wein, nicht in essigsaure Tonerde.

In der Bibel gilt Wein als das Getränk der Lebensfreude, natürlich solange er in verträglichen Maßen genossen wird. Jesus ist offensichtlich nicht als Spielverderber in die Welt gekommen. Er will, dass wir »das Leben und volle Genüge haben« (Johannes 10,10). Vielleicht haben wir Christen diese Seite von Jesus unterbelichtet. Wir sehen ihn bei den Kranken, Trauernden und Gestrauchelten. Das hat sein volles Recht. Da gehört er hin. Diesen Menschen gilt seine ganze Liebe. Aber das Wirken von Jesus beginnt auf einem Fest. Hierbei handelt es sich nicht um einen peinlichen Ausrutscher, sondern um ein gezieltes Programm. Jesus möchte, dass wir ohne Krampf und Düsternis durchs Leben gehen.

Jesus verwandelt Wasser in Wein, nicht in essigsaure Tonerde.

Der Wandsbecker Bote Matthias Claudius (1740-1815) hat diese Lebenshaltung in seinem Abendlied

»Der Mond ist aufgegangen« in die wunderbare Liedzeile gefasst: »… wie Kinder fromm *und fröhlich* sein«. Das Frommsein und das Fröhlichsein, das Glauben und Lachen, das Beten und Freuen liegen ineinander. Sie gehören unauflöslich zusammen. Keines kann ohne das andere sein. Zu einem solchen Lebensstil will uns Jesus verhelfen. Wenn Christen fröhliche und humorvolle Leute sind, dann ist das völlig normal.

Aber warum tun wir uns oft damit schwer? Was kann die Freude bei uns blockieren und unseren Humor bremsen?

1. Was den Humor bei Christen bremst

Ich nenne vier Gründe von unterschiedlichem Gewicht:

Meine Freude wird getrübt

Es fällt keineswegs immer leicht, sich am Leben und an der Welt zu freuen. Und von einer reinen, problemlosen Freude, derzufolge es im christlichen Leben immer Sonnenschein geben müsste, wird in der Bibel nirgends gesprochen. Auch glaubende Menschen werden krank. Probleme wachsen ihnen über den Kopf. Eine Depression klingt nicht ab. Der Arbeitsplatz gerät in Gefahr. Trauer macht das Herz schwer. Davon wissen auch Christen ein Lied zu singen. Wir sind keine Überflieger.

Von einer reinen Freude wird in der Bibel nirgends gesprochen.

Es geht in jedem Leben »gemischt« zu. Das weiß schon der Prediger Salomo: »Ein jegliches hat seine Zeit: Weinen hat seine Zeit, lachen hat seine Zeit; klagen hat seine Zeit, tanzen hat seine Zeit« (Prediger 3,1.4).

Viele Menschen haben darüber hinaus besonders Schweres und Bedrückendes durchgemacht, oft bereits im Kindesalter. Manche sind durch Kriegserlebnisse geprägt worden. Das hat sich ihnen tief eingegraben und zieht sich wie eine dunkle Spur durch das Gemüt. Das macht das Herz schwer und trübt manchmal jede Freude.

Meine Freuden nutzen sich ab

Bei der Hochzeit in Kana kommt es mitten im schönsten Fest zu einem Malheur: In den Weinfässern herrscht Ebbe. Die Kellner haben nichts zum Nachschenken. Dem Bräutigam läuft der Angstschweiß den Rücken herunter. Die Braut ist untröstlich: »Was mag das für eine Ehe werden, bei der man bereits am ersten Tag auf dem Trockenen sitzt?!« Der Wein geht aus, die Stimmung geht zur Neige.

Genau das ist typisch. Was uns Freude bringt, haben wir immer nur für eine kurze Zeit:

- Da schwärmt einer für Essen und Trinken. Er kennt die Gourmet-Tempel in der Umgebung und sucht sie regelmäßig auf. Schon beim Lesen der Speisekarte läuft ihm das Wasser im Mund zusammen. Wenn dann die Mahlzeit aufgetischt wird, schmatzt er vor Begier. Da lacht sein Herz. Aber irgendwann ist jeder Teller leer.
- Eine andere fühlt sich auf einer christlichen Freizeit

pudelwohl. Endlich mal raus! Eine Woche lang unter Christen! Gottes Wort hören, auftanken, mit anderen ins Gespräch kommen. Das tut so gut! Aber dann geht die schöne Zeit vorüber. Ab nach Haus. Der Alltag wartet.
- Ein Dritter züchtet mit Liebe und Sachverstand Brieftauben. Sehnsüchtig und stundenlang sucht er den Himmel ab und freut sich darüber, dass seine Lieblinge nach ihrem Flug den heimischen Schlag wieder finden. Endlich sind alle zu Haus!

Solche Freuden, die wir uns machen und die Gott uns gönnt, sind herrlich und schön. Wundervoll, wenn wir sie genießen können! Aber sie halten nur eine Zeit lang vor. Sie sind von begrenzter Dauer. Das kann nicht anders sein. Unsere Freuden erschöpfen sich, so wie der Wein auf der Hochzeit.

Ich verhalte mich »cool«

Oft erleben wir es, vor allem bei einem jungen Menschen: Er reagiert »cool«, kontrolliert. Was sich neben ihm zuträgt, rührt ihn nicht an. Distanziert und scheinbar überlegen steht er Menschen und Geschehnissen gegenüber. Er lässt sich zumindest nicht anmerken, wenn es ihn betrifft und innerlich bewegt.

Vielfach wird eine solche Haltung nur gespielt. Sie ist eben bei vielen »in«. Aber wir müssen aufpassen, dass aus solchem Spiel nicht Ernst wird und dass daraus eine Lebenshaltung erwächst, in der sich Menschen gegenseitig nichts mehr angehen. Man lässt das, was andere erschüttert oder erfreut, nicht an sich herankommen. Es tropft an einem ab. Man möchte davon nicht berührt werden.

Das entspricht übrigens dem religiösen Ideal einiger fernöstlicher Religionen. Durch asketische Übungen, durch Yoga und andere Techniken soll ein Zustand der Versenkung erreicht werden, der sich durch nichts mehr ablenken lässt.

Was steckt hinter dieser Haltung? Der »coole Typ« hat Angst, die Kontrolle aus der Hand zu geben und womöglich seine Haltung zu verlieren. Doch wer alles in sich hineinschluckt, wird schnell zum armen Schlucker. Der wird auf lange Sicht krank. Es dient vielmehr unserer seelischen Gesundheit, wenn wir Gefühle zeigen, indem wir – je nachdem – lachen und weinen. Darin zeigt sich, dass uns der andere Mensch und dessen Ergehen nicht gleichgültig sind. Wir freuen uns mit den Fröhlichen und klagen mit den Weinenden. So ist es »christlich«. Denn wenn wir uns Gott anvertrauen, wissen wir uns bei ihm geborgen. In seiner Nähe erleben wir Freude und Kummer. Deshalb kann und soll ich als Christ aufgeregt sein, verstört, traurig und jubelnd, herzlich und liebevoll. Denn genauso erleben wir unseren Gott. Er freut sich

Es dient unserer seelischen Gesundheit, wenn wir Gefühle zeigen.

riesig über jeden einzelnen Sünder, der zu ihm umkehrt (Lukas 19,10). Und er klagt, wenn sich Menschen seiner Liebe verweigern (Jesaja 1,3).

So soll sich auch bei uns das volle Leben in unserem Empfinden widerspiegeln. Echt und authentisch soll es zugehen, so wie es der Apostel Paulus vorgibt: »Wenn *ein* Glied leidet, so leiden alle Glieder mit, und wenn *ein* Glied geehrt wird, so freuen sich alle Glieder mit« (1.Korinther 12,26). Wer sich dagegen »cool« verhält, verweigert Anteilnahme und stumpft leicht ab. Ihm ist das Ergehen seiner Mitmenschen mehr oder weniger gleichgültig.

Ich habe Christsein nicht verstanden

Ein Mann mittleren Alters schreibt: »Christsein hieß für mich früher: seinen Nächsten lieben, nichts für sich selber wollen, nur für die anderen da sein, immer gehorchen, auf alles Schöne und Lustvolle verzichten. Wer es nicht tut, wird von Gott abgewiesen. So dachte ich. Meinem Anspruch konnte ich nicht gerecht werden. Ich bin innerlich daran zerbrochen.«

Hier hatte jemand eine völlig verzerrte Vorstellung vom Glauben. Er meinte: »Ich muss alles recht machen, damit ich Gott recht bin. Hier eine Vorschrift beachten, da ein Verbot befolgen. Je mehr, desto besser.« Er fühlte sich immer vom himmlischen Detektiv beobachtet. Ständig signalisierte der Hinterkopf: »Ich soll, ich muss. Hier eine Vorschrift. Da ein Verbot. Ja keinen Fehler machen! Wehe mir, wenn ich danebentappe. Ich muss gut sein, damit Gott gut zu mir ist.«

Doch so verkrampft unser Inneres. Hier gibt es nichts zu lachen, sondern man läuft ständig mit einem schlechten Gewissen umher. Man weiß doch genau, dass die eigene fromme Leistung nicht ausreicht und dass wir ständig hinter dem zurückbleiben, was wir uns vornehmen und was Gott von uns will. Man kommt niemals hinterher und wird deshalb seines Christseins nicht froh.

Leider ist solches Denken kein Einzelfall. Viele können sich deshalb nicht richtig freuen, weil sie die frohe Nachricht von Jesus im Kern nicht verstanden, geschweige denn für sich erfasst haben: Sie gehen in unsere Gottesdienste. Sie reden und hören von der göttlichen Gnade. Sie singen die Lieder von den großen Taten Gottes. Aber im Geheimen erwarten sie das Entscheidende immer von sich selbst: von ihrem Glauben, von ihren Opfern, von der Länge ihres Betens und Bibellesens, von ihrer Mitarbeit in der Gemeinde. »Das bringt's. Dann wird Gott mit mir zufrieden sein. Wehe mir, wenn ich etwas verkehrt mache!« So singt und hört man von der Freude, aber freut sich

Viele können sich nicht richtig freuen, weil sie die frohe Nachricht von Jesus im Kern nicht verstanden haben.

nicht. Man nimmt Gott seine Güte nicht ab und misstraut seiner allumfassenden Gnade.

Kein Wunder, dass ungezählte Christen ihren Glauben und das Freuen nicht auf einen Nenner bekommen! Leise Ängste schwingen mit. Befürchtungen rumoren im Innern, man könnte Gottes Ansprüchen nicht genügen. Doch wenn bei uns der Gedanke an Gott nicht immer wieder Freude auslöst, sollten wir Art und Inhalt unseres Glaubens kritisch hinterfragen. Martin Luther (1483-1546) weist auf den Zusammenhang von Glauben und Freuen hin: »Wir können an der (fehlenden) Freude den Mangel unseres Glaubens erkennen. Denn wie stark wir glauben, so stark müssen wir uns auch notwendig freuen.«

2. Was den Humor bei Christen auslöst

Das Wunder, das Jesus in Kana getan hat, versteht er als »Zeichen« (Johannes 2,11). Es dient als Hinweis, der auf Wichtigeres deutet. So wie ein Wegweiser, der in eine bestimmte Richtung weist. Das Wunder auf der Hochzeit deutet auf den Punkt, auf den der Weg von Jesus zuläuft: den Endpunkt, das Ziel, nämlich sein Leiden und Sterben am Kreuz. Kana verweist auf den Hinrichtungshügel Golgata. Was verbindet beide Orte miteinander?

An beiden wird verwandelt. In Kana wird aus normalem Wasser süffiger Wein. Auf Golgata wird aus einem schändlichen Verrat der Tod von Jesus aus lauter Liebe. Aus dem Galgenberg Golgata wird ein Versöhnungsfelsen. Aus dem Kreuz, diesem schrecklichen Todeszeichen, wird ein Signal der Liebe und des Friedens. Papst Benedikt XVI. bringt das in seinem Jesus-Buch auf den Punkt: »Jesus wandelt den äußeren Gewaltakt der Kreuzigung um in einen Akt der freiwilligen Hingabe seiner selbst für die anderen. Jesus gibt nicht *etwas*, sondern sich selbst. So gibt er Leben.«*

---

* S. 325: Jesus von Nazareth, Benedikt XVI./Joseph Ratzinger, Herder, Freiburg

Was sich am Karfreitag für alle Welt wandelt, kündigt Jesus vorher im Kleinen an: Aus einer gedrückten Stimmung wird ein fröhliches Fest. Kana weist auf das Größere hin, das Jesus tut: Er wandelt unser Leben. Hier befinden wir uns in der Mitte der frohen Botschaft.

Das verwandelte Leben

Da sind wir, mit allem, was uns die Freude und den Humor austrocknen lässt: Ängste brechen ungewollt in uns auf. Kummer um einen lieben Menschen macht die Nächte schlaflos. Schuld, die wir auf uns geladen haben, drückt auf das Gewissen.

Das sind wir. Doch Jesus bringt das Wunder fertig, unser Leben zu wandeln: Wir haben eine Adresse, an die wir uns im Gebet wenden können. Nun sind wir unseren Ängsten nicht mehr hilflos ausgeliefert. Das entkrampft uns. Wir werden ruhiger und getroster. Wir wissen uns beim Herrn des Himmels und der Erde bestens aufgehoben. Dort gehören wir hin – mit allem, was uns beschwert.

Unsere Schuld von gestern erledigt sich, weil Jesus dafür gestorben ist. »Es ist vollbracht« (Johannes 19,30). Mit diesen Worten hat Jesus sein Leben ausgehaucht. Was Jesus vollbracht hat, müssen wir nicht mehr leisten. Er hat am Kreuz alles erledigt, was wir an Bösem angerichtet haben. Er hat unser Versagen mit ans Kreuz genommen und dort ausgelöscht. Damit ist es erledigt, ein für allemal. Keiner muss für seine Sünde vor Gott büßen. Das hat Jesus getan, als er am Kreuz hing. Was wir bei Jesus abladen, ist erledigt für immer. Als Christen leben wir nicht vom Vermeiden der Sünde, sondern vom Vergeben der Sünde.

Deshalb handelt es sich beim Evangelium von Jesus Christus wirklich um eine frohe Botschaft. Da kommt Freude auf. Hier weicht der Grauschleier des religiösen Menschen aller Zeiten und Zonen. Denn christlicher Glaube lebt nicht von dem, was wir einbringen, sondern von dem, was Jesus für uns eingebracht hat. Nicht unser Tun schenkt uns Frieden mit Gott, sondern die Großtat von Jesus am Kreuz. Nicht Gesetzeserfüllung bringt uns mit Gott in Ordnung, sondern Gnade und Erbarmen vom Himmel her. Jesus hat für uns alles gutgemacht.

Als Christen leben wir nicht vom Vermeiden der Sünde, sondern vom Vergeben der Sünde.

Indem wir unsere Schuld bekennen und vor Gott ausbreiten, nehmen wir alles in Anspruch, was Jesus für uns getan hat. Das Böse unserer Vergangenheit ist dann wirklich vergangen. Gott vergibt und vergisst. Was gestern war, muss nicht mehr wie ein Stein auf uns lasten.

Wie befreiend ist das, wenn einer entdeckt: Gott hat mich in sein Herz geschlossen. Ich muss nichts leisten, um bei Gott gut angesehen zu sein. Ich muss nichts anstellen, um mir die Himmelstür zu öffnen. Ich gehöre dank Jesus zu Gott. Nicht weil *ich* gut bin, sondern weil *er* gut zu mir ist. Das gibt Grund zum Freuen an jedem Tag. In der Mitte des christlichen Glaubens stehen nicht Pflichten, Anforderungen und Mühen, sondern in der Mitte steht das Geschenk, das Gott uns macht und das Jesus heißt.

Wie wenig selbstverständlich das ist, kann man daran sehen, wenn jemand in einer christlichen Gruppe schlicht bekennt »Ich bin Christ!« Gewöhnlich wird ihm heftig widersprochen, viele halten dagegen: »Das kann man doch so sicher nicht behaupten. Ich bemühe mich, Christ zu sein, ich strenge mich an. Wer kann schon von sich sagen, er sei Christ!«

Doch wer das meint, der hat das Christsein nicht begriffen. Als wäre das ein Produkt unseres Fleißes! Den Himmel, die Verbindung zu Gott gibt es nur geschenkt. Und wer sie nicht geschenkt haben will, hat sie nicht.

Im Religionsunterricht wird die Geschichte von der Hochzeit in Kana behandelt. Der Lehrer fragt: »Was haben wohl die Leute gedacht, als Jesus so viel Wasser in Wein verwandelt hat?« Ein Schüler meldet sich: »Den laden wir auch mal ein!«

Genau darum geht es, dass wir Jesus einladen: in unser Denken und Verhalten, in unsere Familien, in Freizeit und Arbeit. Ob es Hoch-Zeiten oder Tiefpunkte sind: Wenn wir Jesus einladen, bricht bei uns

Neues an. Der Apostel Paulus spricht von der »neuen Kreatur« (2. Korinther 5,17). In der Begegnung mit Jesus wandelt sich unser Leben hin zur Freude. Es verwundert nicht, dass in der griechischen Ursprache des Neuen Testaments die Begriffe »Gnade« und »Freude« aus derselben sprachlichen Wurzel stammen. Wo wir die göttliche Gnade erleben, ziehen wir, wie einst der Finanzminister aus Äthiopien, unsere »Straße fröhlich« (Apostelgeschichte 8,39).

Wenn wir Jesus einladen, bricht bei uns Neues an.

Martin Luther hat folgerichtig die Freude als den »Doktorhut des Glaubens« bezeichnet. Sie war ihm gleichsam die Spitze, die Krönung seines Verhältnisses zu Gott.

Ein Theologe aus Indien schreibt uns ins Stammbuch: »Das Erste, was wir in deutschen Kirchen wieder hinkriegen müssen, ist, den Leuten zu helfen, zu lächeln und zu lachen. Nur wenn du ein fröhliches Leben führst, werden sich Leute dafür interessieren, mit dir zu sprechen. Freude kommt dann, wenn du verstanden hast, dass deine Sünden vergeben sind.«

Wenn Christen nichts zu lachen haben – wer dann?!

Gott will uns zu fröhlichen Menschen machen. Das Lachen ist des Glaubens liebstes Kind. Wir dürfen uns nicht den Bären aufbinden lassen, als sei der Christ vor allem ein ernster Mensch. Die herrlichen alten Lieder

der Christenheit sagen anderes: »Jesus ist kommen, Grund ewiger Freude«, »Jesu, meine Freude, meines Herzens Weide, Jesu, meine Zier«, »In dir ist Freude in allem Leide, o du süßer Jesu Christ«. Die Botschaft von Jesus Christus, die ja auch frohe Botschaft genannt wird, passt nicht zu tierischem Ernst. Sie macht uns von innen heraus fröhlich. Sie vermittelt uns eine Freude, die uns kein Mensch geben, geschweige denn nehmen kann.

Der geschenkte Himmel

Diese Freude, die aus dem Glauben erwächst, ist mehr als bloße Fröhlichkeit, geschweige denn Lustigkeit. Sie wird als Geschenk in unsere Persönlichkeit hineingelegt. Dort zeigt sie sich als Gottesgabe des »Humors«. »Humor« kommt sprachlich vom lateinischen »humus«, der Feuchtigkeit. Wir denken dabei an unsere Gärten, deren Pflanzen die nötigen Nährstoffe brauchen. Humus ist so etwas wie Lebenssaft. Das erinnert an den Psalm, wo vom Frommen gesagt wird, er sei »wie ein Baum, gepflanzt an den Wasserbächen, der seine Frucht bringt zu seiner Zeit« (Psalm 1,3).

Deshalb ist Humor nicht nur eine Frage unseres Naturells. Er wird vor allem dort genährt, wo Menschen im »Humus« Gottes eingewurzelt sind. Er erweist sich als Folge der Geborgenheit, die wir bei Gott erleben. Wir werden von ihm umsorgt und gehalten.

Täglich haben wir viele Gründe zum Danken. Deshalb bildet Glauben den besten Nährboden für Humor. Glauben macht fröhlich. Das äußert sich im gelegentlichen Schmunzeln, im Erzählen fröhlicher Begebenheiten und nicht zuletzt in guten Witzen.

Aber der Witz allein sagt noch nichts über den Boden, aus dem er erwächst. Man kann Witze versprühen und dennoch humorlos sein. Viele der so genannten »Humoristen« und Spaßmacher sind von ihrem Naturell her eher melancholische Typen. Wenn der Applaus verklungen ist und sie sich nach der Vorstellung abschminken, ist manchem eher nach Heulen zumute.

Außerdem wissen wir von bösen Witzen, die alles andere als humorvoll sind. Man kann sich mit seinen Witzen über andere lustig machen und sie in ihrer Würde verletzen. Von obszönen Witzen ganz zu schweigen. Der Witz allein ist kein Garant für Freude. Sein Hintergrund kann auch düster und grimmig sein. Es gibt bekanntlich auch ein schadenfrohes und hämisches Lachen.

Der Blick ins Herz

Anders geht es mit dem Humor zu. Wenn wir den Humor eines Menschen erleben, schauen wir ihm ins Herz. Wir erleben sein Inneres. Wir sehen einen fröhlichen Menschen. Das äußert sich manchmal schlagfertig und gütig zugleich. So habe ich das bei einem frommen Landwirt in Niedersachsen erlebt, der als bewusster und fröhlicher Christ lebte. Er hatte auf seinem Bauernhof einen Lehrling. So nannte man die Azubis damals. Dieser stieß eines Tages ungeschickt an eine der großen Milchkannen, die auf dem Hof standen. Die Kanne kippte um, und das kostbare Nass ergoss sich quer über den Hof. Der Lehrling blickte ängstlich um sich: Wie wird der Chef reagieren? Der stellte kurz und knapp fest: »Tja, wir haben jetzt zwei Milchstraßen: eine am Himmel, die andere hier auf dem Hof!«

Dieser Mann hatte einen tiefsitzenden Humor, der sich verständnisvoll, schlagfertig und witzig äußerte. Das entkrampfte eine heikle Situation und nahm die Angst. Am Ende konnten alle gelöst aufatmen und über das Malheur lachen.

Solcher Humor erweist sich als großartiges soziales Schmiermittel. So kommt man besser miteinander aus, gerade dann, wenn es sperrig zugeht und Missverständnisse im Raum stehen. Humor kann manches abfedern, was ansonsten gegeneinander aufbringt.

Humor kann manches abfedern, was ansonsten gegeneinander aufbringt.

Lachen und Lächeln haben obendrein eine erfreuliche therapeutische Wirkung. Sie sind eine körperliche

Wohltat. »Lachen ist gesund«, weiß der Volksmund. Und er hat damit recht. Die Lachmuskulatur wird aktiviert. Das Zwerchfell hüpft. Das fördert die Durchblutung und regt den Kreislauf an. Der Atem fließt freier. Verspannungen lösen sich. Im Gehirn werden Glückshormone freigesetzt. Deshalb verwundert es nicht, dass bei fröhlichen Menschen das Infarktrisiko niedriger ist als bei griesgrämigen. Wer viel lacht und lächelt, ist weniger infektanfällig, denn Freude tut dem Immunsystem rundum gut. Fröhliche Menschen leben gesünder. Wer gerne und viel lacht, tut sich selber etwas Gutes und anderen obendrein. Denn mit solchen Menschen sitzt man gern zusammen. Da blühen alle auf.

Der Humor zieht sich, wenn vorhanden, wie ein roter Faden durchs Leben. Er gehört zum »Grundzustand« eines Menschen. Witze dagegen kann man nur in begrenzten Portionen vertragen. Hat man einige gehört und herzhaft darüber gelacht, ist man regelrecht erschöpft. Es geht einem die Puste aus. Witze lassen sich nur für eine begrenzte Zeit ertragen. Anders der Humor als Seelenhaltung. Er erfasst den ganzen Menschen, und das rund um die Uhr, ein langes Leben hindurch. Dafür gibt es keine Pause oder Auszeit.

3. Was den Humor bei Christen lebendig erhält

Solcher Humor, der die Lebenshaltung prägt, wird uns durch den Glauben an Jesus Christus immer wieder geschenkt. Er hat seine unerschöpfliche Quelle in Gott und dem, was er für uns getan hat und heute noch tut. Er wird sich immer wieder gegen alles durchsetzen, was uns das Leben verdüstert. Das ist gut so, denn »die Seele nährt sich an dem, woran sie sich erfreut«, wusste bereits der Kirchenvater Augustin (354-430).

Die kunterbunte Gemeinschaft der Christen

Gott hat uns in die Schar der Christen hineingestellt. Da geht es lebendig und kunterbunt zu. Jeder Christ hat seine Gaben und Fähigkeiten, aber auch seine Ecken und Kanten. Es gibt bekanntlich nicht nur die »Gemeinschaft der Heiligen«, über die wir uns im Apostolischen Glaubensbekenntnis freuen, sondern auch die »Heiligen der Gemeinschaft«. Was sind wir oft für merkwürdige Käuze! Wo Christen beieinander sind, geht es deshalb nicht nur fröhlich, sondern oft genug auch komisch zu. Da gibt es tausend Gründe zum Freuen und Lachen. Je mehr Christen auf einem Haufen beieinander sind, desto mehr kann man schmunzeln.

Das fängt schon bei den Hauptamtlichen an. Da steht der Superintendent vor seinen Pfarrern und gibt ihnen Tipps für das Auftreten auf der Kanzel: »Also, liebe Brüder, wenn Sie vor Ihren Hörern stehen, dann sollten Sie Ihre Botschaft mit den entsprechenden Blicken und Gesten unterstreichen. Reden Sie zum Beispiel vom Himmel, dann machen Sie bitte ein fröhliches Gesicht und zeigen eine freundliche Miene.«

»Und wenn ich über die Hölle predige?«, fragt ein Pfarrer dazwischen, »was mache ich dann?«

Der Superintendent: »Dann können Sie bleiben, wie Sie sind.«

Manchmal gibt es zwischen Christen auch kleine Missverständnisse, die zum Schmunzeln veranlassen. Hier ein »absichtliches«: Da sitzen zwei Pfarrer beieinander und klagen sich gegenseitig ihre Not. Beiden wächst die Gemeindearbeit über den Kopf. »Bei mir hat sich alles so zugespitzt, dass ich kaum noch einschlafen kann. Ich liege nachts sehr lange wach und grüble dann vor mich hin«, klagt der eine.

»I wo«, entgegnet der andere, »wenn ich einschlafen will, zähle ich bis drei, und dann schlafe ich.«

»Das kann doch wohl nicht wahr sein! So einfach geht das bei dir?«

»Natürlich, probier's nur aus!«

Der andere bleibt skeptisch: »Ich glaub dir das nicht: einfach nur bis drei zählen?«

»Na ja«, räumt sein Gegenüber kleinlaut ein, »manchmal auch bis halb vier.«

Auch die Unterschiede der Konfessionen reizen zuweilen zum Lachen. Wer blickt da noch durch?! So beim Taufbesuch eines katholischen Pfarrers. Er bespricht mit der Frau des Hauses alles, was für die bevorstehende Taufe wichtig ist. Beim Verabschieden wirft die Frau dazwischen: »Ich lade Sie mit Ihrer Frau nach der Taufe noch zum Mittagessen ein.« Das trifft den katholischen Pfarrer verständlicherweise auf dem falschen Fuß. Ein wenig verschämt druckst er herum: »Wir haben doch den Zölibat!«

»Ach«, hält die Frau dagegen, »den Kleinen können Sie auch noch mitbringen!«

Anders als in der katholischen Kirche hat im evangelischen Raum das »Priestertum aller Glaubenden« einen hohen Stellenwert. Demzufolge befinden sich alle Christen auf derselben geistlichen Ebene. Einen besonderen Priesterstand, der durch Weihe aus der Masse der Gläubigen herausgehoben ist, kennt die evangelische Kirche nicht. Das allgemeine Priestertum bringt deswegen eine Fülle von Laienaktivitäten mit sich. Und das auch im Bereich der Wortverkündigung. In der Erweckungsbewegung des Siegerlandes kam das besonders zum Tragen. Das hat Pastor Ernst Modersohn erlebt, der in der ersten Hälfte des vergangenen Jahrhunderts zu den führenden Vertretern innerhalb der Gemeinschaftsbewegung und der Deutschen Evangelischen Allianz gehörte. Seine Bücher haben hohe Auflagen erreicht und ganze Generationen von Christen geprägt. Seine eigene Prägung hat Ernst Modersohn wesentlich im frommen Siegerland erfahren. Dort war er einige Jahre lang Vikar. Er nahm häufig an den Bibelstunden teil, die von Laien gehalten wurden. Die Versammlungen fanden meist in Wohnstuben oder Vereinshäusern statt. Wie die Brüder die Bibel auslegten, war zwar geistlich motiviert und meist gedanklich originell, aber keineswegs immer theologisch lupenrein. Da wurden manche Böcke geschossen. – Wie reagieren? Eines Tages stellte Ernst Modersohn nach einer Bibelstunde fest: »Die Auslegung war falsch, aber die Leute gingen gesegnet nach Hause!« Das war für ihn die Hauptsache. Deswegen konnte er über manchen exegetischen Fehltritt hinwegsehen. Der Segen Gottes war für ihn nicht unbedingt an die fehlerfreie Auslegung gebunden.

»Die Auslegung war falsch, aber die Leute gingen gesegnet nach Hause!«

In jeder Gemeinde bietet sich immer wieder Anlass zum Schmunzeln und Lachen. Da sitzen fromme Frauen aus einigen Orten zum Kaffeekränzchen beieinander. »Ach«, klagt die eine, »wie ist bei uns der

Gottesdienstbesuch so schwach. In unserer großen Kirche verlaufen sich nur 20-30 Gottesdienstbesucher. Ist das nicht traurig?«

»Ach was«, hält die Nächste dagegen, »das sieht bei uns noch viel trüber aus. Wenn es ein Dutzend sind, die sonntags den Gottesdienst bei uns im Dorf aufsuchen, dann ist das schon reichlich.«

»Ihr habt überhaupt keinen Grund zum Klagen«, meldet sich nun die Dritte zu Wort. Ihr seid doch gut dran! Wenn bei uns der Pfarrer sagt: »›Geliebte Gemeinde‹, werd ich immer ganz rot.«

Eine andere Gemeinde freut sich am neuen Gemeindehaus. Nach einem Jahr kommt der Herr Prälat vorbei, um sich alles anzuschauen. Er findet überaus lobende Worte. Vor allem spricht er sich anerkennend darüber aus, dass nach einem Jahr der Nutzung das Gemeindehaus noch wie neu aussieht. Daraufhin meinte ein Kirchengemeinderat treuherzig: »Herr Prälat, wir schonen es aber auch!« – Tja ... erfüllt ein Gemeindehaus nicht erst dann seinen Zweck, wenn es kräftig von allen möglichen Gruppen genutzt wird? Pfleglich mit allem umzugehen, sollte dabei selbstverständlich sein. Aber Schonen im Sinne von wenig nutzen? Niemals!

Es geht in jeder Gemeinde, wie überall, menschlich und allzu menschlich zu. Noch heute erzählt man in meiner früheren Gemeinde, dass ich als junger Pfarrer zu einer lila Krawatte knallrote Socken getragen habe. Das hat man damals umgehend und brühwarm meiner Frau hinterbracht, die mich ab sofort nur noch dann zu Hausbesuchen und ins Gemeindehaus gehen ließ, wenn sie vorher mein Äußeres »kontrolliert« hatte. Seitdem habe ich mich gebessert. Hoffe ich.

Es war ebenfalls in meiner früheren Gemeinde, als gerade die Umstellung zur Sommerzeit eingeführt wurde. Das war damals völlig neu. Nicht alle hatten daran gedacht, als es auf den entscheidenden Sonntag zuging. Eine Stunde die Uhr vorstellen, war angesagt. Die Gottesdienstteilnehmer hatten sich daran gehalten und sich pünktlich in der Dorfkirche eingefunden. Der Gottesdienst neigte sich dem Ende entgegen. Ich stand am Altar. Als ich meine Hände zum Segen hob, ging die Kirchentür auf. Herein kamen drei ältere Damen, die ich aus dem Frauenkreis kannte und die selten einen Gottesdienst versäumten. Alles drehte sich nach den drei Spätankömmlingen um, die nicht mitgekriegt hatten, was die Stunde geschlagen hatte, und die nun verspätet zum Gottesdienst antrabten. Da war natürlich die Andacht zu Ende, alle kicherten in sich hinein. Und ich vorn am Altar mit meinen würdig erhobenen Händen? Ich hatte Mühe, den Segen einigermaßen zu Ende zu bringen. Schnell drehte ich mich dann zum Altar, weil ich vor lauter Lachen losprusten musste.

Wo Christen beieinander sind, gibt es manches Schöne und Lustige zu erzählen. Der Stoff dafür geht niemals aus, denn wir Christen sind nicht nur wunderbar, sondern oft genug auch wunderlich. So erzählte mir Paul Deitenbeck, ehemals Pfarrer in Lüdenscheid und einer der Gründerväter der »Bekenntnisbewegung Kein anderes Evangelium« aus seinem reichen Erleben:

Ein junger Mann bat ihn um ein Gespräch und erzählte ihm von seiner jungen Ehe. Eins bedrückte ihn: »Ich bin so schrecklich eifersüchtig, obwohl ich weiß, dass meine Frau treu wie Gold ist. Stellen Sie sich vor: Wenn ich spätabends nach Hause komme und meine Frau schon schläft, krieche ich immer zuerst unter das Bett und schaue nach, ob sich da wohl ein Mann versteckt hat!« Paul Deitenbeck redet ihm gut zu und ermuntert ihn, seiner Frau wirklich zu vertrauen. – Nach geraumer Zeit tritt der junge Mann wieder auf Paul Deitenbeck zu: »Herr Pfarrer, wie bin ich glücklich! Meine Eifersucht ist völlig geschwunden!«

»Wie ist es denn zu dieser Veränderung gekommen«, fragt Paul Deitenbeck nach.

»Ganz einfach: Ich habe die Bettpfosten abgesägt!«

Arno Pagel, der frühere Bundespfarrer und Weltbundpräsident des Jugendverbandes »Entscheiden für Christus« (EC) erzählte einmal, wie er mit einem Christen unterwegs war, der ständig etwas zu nörgeln hatte. An allem hatte er etwas auszusetzen. Arno Pagel, eine ausgesprochene Frohnatur Gottes, wies ihn darauf hin, dass es einem dann leichter ums Herz wird, wenn man Gott für alles dankt, was einem begegnet. Kaum hatte er das gesagt, flog ein Vogel über seinen Gesprächspartner hinweg und ließ etwas fallen. Das hinterließ auf der Jacke einen hässlichen Fleck. Der Freund besah die Bescherung und schimpfte los: »Na, was sagst du jetzt: Soll ich dafür Gott danken?«

»Natürlich«, hielt Arno Pagel dagegen, »... da danke ich Gott dafür, dass Kühe nicht fliegen können.«

Manchmal sind es auch wirklich peinliche Umstände, die Heiterkeit auslösen können. So beim Kirchenvorstand, der auf den berühmten Redner wartet. Dieser soll am Abend einen bedeutenden Vortrag halten. Endlich trifft der Gast ein. Aber er stammelt verlegen: »Leider kann ich den Vortrag nicht halten, denn ich habe mein Gebiss vergessen!« Da zuckt der Kirchenvorstand zusammen. Was nun? Einer weiß Rat: »Ich gehe nach Haus und komme gleich wieder.« Gesagt, getan. Bald rückt er an und zieht einige Gebisse hervor. Der Gast probiert das Erste aus: »Das ist mir viel zu eng, das kann ich unmöglich drinbehalten.« Dann probiert er das Nächste aus: »Das ist viel zu weit«, nuschelt er, »das geht auch nicht.« Endlich – das dritte Gebiss sitzt wie angegossen. Der Vortrag kann stattfinden, und alle sind zufrieden. Beim Verabschieden spricht der Redner den Mann an, der die Gebisse mitgebracht hat: »Ich bin von diesen Zähnen begeistert und komme gleich morgen in Ihrer Praxis vorbei.«

»In welcher Praxis? Ich bin kein Zahnarzt. Ich bin Bestattungsunternehmer!«

Manches ist ernst und witzig zugleich: Vor einiger Zeit – es muss wohl auf einer Tagung gewesen sind – saß ich mit zwei Damen beim Mittagessen zusammen. Wir plauderten miteinander. Dann erzählten sie mir von einer kuriosen Begebenheit, die sie ins Lächeln, aber auch ins Nachdenken gebracht hat. Die beiden hatten einmal eine Mitfahrgelegenheit gesucht und gingen dann mit einem älteren Christen in dessen Auto auf die Fahrt. Der zog vor dem Losfahren ehrfürchtig seinen Hut und sprach ein Gebet. Das hat den beiden imponiert. Dann fuhr er los. Aber wie! »Da haben *wir* gebetet«, berichteten die Frauen. Der fromme Mann fuhr draufgängerisch und wild. Obendrein schimpfte er auf die anderen Autofahrer. Da kriegten es die beiden Frauen mit der Angst. Da war der Segen des anfänglichen Gebets schnell abgeklungen. Schade!

Die Begegnung mit Fernstehenden

Als Christen leben wir mitten im Getriebe der Welt. Da gehören wir hin. Dort hat Gott uns hingestellt, um seine Zeugen und Boten zu sein. Leider ist »der Glaube nicht jedermanns Ding«, wie schon der Apostel Paulus gewusst hat (2. Thessalonicher 3,2). Das kann zu manchen humorigen Missverständnissen führen.

Das erlebt eine Diakonisse, die als Gemeindeschwester unterwegs ist. Gerade eben hat sie den letzten Kranken betreut und befindet sich auf dem Heimweg. Plötzlich fängt ihr Käfer an zu tuckern. Dann bleibt er stehen. Der Blick auf die Benzinuhr sagt: Der Tank ist leer! Der Schreck unserer Schwester ist groß. Was tun? Einen Reservekanister hat sie nicht dabei. Was bleibt ihr übrig, als die nächste Tankstelle aufzusuchen. Aber worin lässt sich das Benzin transportieren? Da fällt ihr Blick auf den Rücksitz. Dort befindet sich der Nachttopf, den sie für ihre Kranken benötigt. Den schnappt sie sich, geht zur nächsten Tankstelle und füllt ihn mit Benzin. Wieder am Auto angekommen, füllt sie den Inhalt langsam ein. Das bemerkt ein Lkw-Fahrer, der gerade vorüberfährt. Er hält an und nimmt erstaunt wahr, wie die Schwester den Inhalt des Nachttopfs in den Tank gießt. Da schüttelt er nur noch den Kopf: »Na, Schwester, ihren Glauben möchte ich haben!«

Viele witzige Szenen leuchten sofort ein. Das Lachen kommt wie aus der Pistole geschossen. Aber manche Witze sind eher hintergründig. Ihre Pointe springt nicht unbedingt sofort ins Auge. So kann es uns mit dem Folgenden ergehen:

Der Vorstand von Coca-Cola hat eine blendende Verkaufsidee: Coca-Cola, schließlich das Weltgetränk Nr. 1, sollte doch bitte ins Vaterunser aufgenommen werden. Deshalb sucht der Vorstand den Papst auf und trägt ihm sein Anliegen vor. Der schüttelt den Kopf und lehnt strikt ab. Doch der Vorstand lässt nicht locker. Er unterbreitet dem Papst ein gutes finanzielles Angebot: 10 Millionen Dollar. Aber auch das kann den Papst nicht erweichen. Doch aller guten Dinge sind bekanntlich drei. Und so findet sich der Vorstand erneut im Vatikan ein, um das Angebot großzügig zu erhöhen: 100 Millionen Dollar, wenn Coca-Cola ins Vaterunser aufgenommen wird. Das macht den Papst nachdenklich. Schließlich gelten seine Kassen als klamm. Er berät sich ausgiebig mit seinen Kardinälen, um dann am Ende doch wieder abzulehnen. Die Mitglieder des Vorstandes verabschieden sich enttäuscht. Beim Hinausgehen spricht einer zum andern: »Nun möchte ich eins wissen, nämlich wie viel die Bäcker geboten haben!«

Die Gelassenheit des Glaubens

Friedrich von Bodelschwingh (1877-1946), der Begründer der Anstalten von Bethel, hat einmal den Humor als »Bruder des Glaubens« bezeichnet. Und das aus gutem Grund: Denn wenn wir glauben, binden wir uns an Jesus Christus. Wir haben einen Halt, an dem wir uns festmachen. Je ernster wir Jesus und seine Erlösung nehmen, desto fröhlicher macht uns das. In jeder Lage haben wir Grund zum Freuen, ja zum Lachen. Es ist nicht unbedingt die Situation, die uns fröhlich stimmt, sondern es ist die Tatsache, dass Gott sich unermüdlich um uns kümmert. So hat es Paul Gerhardt (1607-1676) in schwierigen Zeiten erlebt und bündig in ein Lied gefasst: »Die Sonne, die mir lachet, ist mein Herr Jesus Christ; das, was mich singen machet, ist, was im Himmel ist.«

»Die Sonne, die mir lachet, ist mein Herr Jesus Christ; das, was mich singen machet, ist, was im Himmel ist.«

Auch wenn es widrig zugeht, gehen uns als Christen die Lichter nicht aus. Und das alldem zum Trotz, was uns zusetzt. Denn indem wir Gott vertrauen, betrachten wir alles von einer höheren Warte aus. Was uns bedrängt, frisst uns nicht mehr auf. Überall wissen wir unseren Gott und Heiland dabei. Niemals sind wir allein. Nur wer über den Dingen steht, kann sie belächeln, will sagen: Glauben schenkt eine gesunde Distanz zu dem, was auf uns einstürmt. »In dem rasenden Getümmel«, so ein altes Lied, schenkt Gott uns »Glaubensheiterkeit«.

Humor erweist sich stets auch als ein Zeichen einer letzten inneren Sicherheit, die unabhängig ist von äußeren Verhältnissen. Er blüht bezeichnenderweise besonders unter diktatorischen Verhältnissen: bei den Sklaven seinerzeit in den USA, bei Juden in der Verfolgungszeit des Dritten Reiches, in der DDR. Unter Umständen, die oft menschenunwürdig und hart waren, entstanden oft die besten Witze. Hier wird etwas vom »Dennoch des Glaubens« (Psalm 73) erkennbar, das sich auch im Lachen niederschlägt. Indem man über etwas lacht, ist man ihm innerlich nicht mehr ausgeliefert. Man hat einen heilsamen Abstand zu dem, was einen einkesseln und fertigmachen will.

Dabei kommt es gelegentlich auch zu gefährlichen, aber auch kuriosen Szenen. So beispielsweise in der Zeit des Nationalsozialismus. Evangelische Christen, die sich in der Bekennenden Kirche zusammengefunden hatten, wurden bedrängt und verfolgt. Im Rheinland kam eines Tages der Leitungskreis dieser kirchlichen Gruppierung in einer Privatwohnung zusammen. Plötzlich klingelt es. Die Geheimpolizei steht vor der Tür. Ach, du großer Schreck! Schnell werden die verfänglichen Papiere eingesammelt und ins Schlafzimmer gebracht. Dort werden sie hastig in einen Nachttisch geschoben, direkt unter den dazumal gebräuchlichen Nachttopf. Nun wird die Wohnung durchsucht. Die Polizisten streben sofort das Schlafzimmer an und steuern zielgerichtet auf den bewussten Nachttisch zu. Ein Gestapo-Beamter holt den Nachttopf hervor. Geistesgegenwärtig ruft einer aus der Bekennenden Kirche dazwischen: »Aber Herr Sturmbannführer, doch nicht hier, vor den Damen!« Verdattert und mit rotem Kopf stellt der Mann den Nachttopf wieder zurück. Die Lage ist gerettet. Gott sei Dank!

Gerade in totalitären Systemen blühen die Witze besonders üppig. Sie bilden eine Art Überdruckventil.

Hier kann sich entladen, was im Alltag unterdrückt werden muss und verboten ist. Meist stehen auf diese Witze deftige Strafen. Denn vor nichts haben die Machthaber mehr Angst als davor, dass man sich über sie lustig macht. Sie verstehen keinen Spaß und betrachten jeden Ulk, den man über sie macht, als Denkmalsschändung.

Ich erinnere mich an die Zeit kurz nach der Wende in Deutschland. Vor wenigen Monaten erst war die Berliner Mauer gefallen. Die Zonengrenze gab es nur noch in unserer Erinnerung. Mit einigen Referenten war ich aus dem Westen Deutschlands nach Sachsen gefahren, um Religionslehrer auszubilden. Tagsüber wurde mächtig gebüffelt. Abends saßen wir entspannt bei herrlichem Wetter auf der großen Veranda des Freizeitheims und ließen es uns nach getaner Arbeit gut gehen. Das war eine unglaublich fröhliche und lockere Atmosphäre. Ein Witz aus der eben begrabenen DDR reihte sich an den anderen. Dabei wurde vor allem die Biederkeit der Mächtigen aufs Korn genommen, die mindestens so groß war wie ihre Aufgeblasenheit, dazu deren breites Sächsisch. Der ungeliebte Walter Ulbricht, früherer und gefürchteter SED-Vorsitzender und später Vorsitzender des Staatsrates, wurde dabei besonders heftig auf die Schippe genommen. So in diesem Witz:

Ulbricht ging mit seiner Frau Lotte spazieren. Dabei sahen die beiden, wie eine Frau von der Straße Pferdeäpfel aufsammelte. Leutselig wurde sie von

Walter Ulbricht angesprochen: »Na, gude Frau, wozu brauchen se denn de Pferdeäppel?«

»Nu, die tu ich an de Ärdbeern«, gab die Angesprochene zurück.

»Siehsde, Lodde«, wendet sich Ulbricht belehrend an seine Frau, »es muss nich immer Schlachsahne sein!«

Oder so:

Erich Honecker, der Nachfolger Ulbrichts, wollte sich bei Bundeskanzler Helmut Kohl einige Anregungen holen, um das staatsmännische Auftreten seiner Regierungsmannschaft zu verbessern. »Ihr tretet so sicher vor die Kamera und wisst auf die schwierigsten Fragen patente Antworten. So will ich das bei meinen Leuten auch sehen«, schmeichelte Erich dem Helmut. »Nun, ich will dir mal zeigen, wie das geht!« Da kam gerade Graf Lambsdorff vorbei. Kohl: »Graf Lambsdorff, ich stelle dir mal eine knifflige Frage: Es ist deiner Mutter Sohn, aber es nicht dein Bruder. Wer ist das?« Graf Lambsdorff sinnierte und kam dann auf die Antwort: »Das bin ich.« »Richtig«, wurde er von Helmut Kohl gelobt. Erich Honecker war verblüfft. Kaum wieder in Ostberlin angekommen, wollte er seine Regierungsmitglieder testen. Da kam ihm Willy Stoph, der Ministerpräsident, gerade recht. »Willy, ich muss dir mal 'ne Frage stellen: Es ist deiner Mutter Sohn, aber es nicht dein Bruder. Wer ist das?« Willy Stoph dachte scharf nach und kam auf die Lösung: »Das bin ich.«

»Hab ich mir's doch gleich gedacht, dass das bei uns nicht klappt«, resignierte Erich Honecker, »das ist doch der Graf Lambsdorff!«

Solche Witze konnten in der DDR-Zeit nur unter der Hand erzählt werden. Und es war dennoch höchst gefährlich. Wären sie ans Licht gekommen, hätte das ein paar Jahre Zuchthaus eingebracht, denn die Stasi hatte ihre Ohren überall. Nun hatte sich alles geändert. Die Freiheit war ausgebrochen. Jetzt konnte sich das Angestaute entladen. Es strömte heraus wie bei einem Vulkan. Endlich konnte man frei reden!

Die Befreiung aus Selbstverliebtheit und Selbstüberschätzung

Der Theologe Karl Barth (1886-1968) hat einmal formuliert: »Freude ist das Rarste und Seltenste in dieser Welt. Fanatischen Ernst und Enthusiasmus und humorlosen Eifer haben wir genug, aber Freude? Das weist darauf hin, dass die Erkenntnis des lebendigen Gottes selten ist.« Und er fügt an anderer Stelle hinzu: »Humor ist eine wichtige christliche Angelegenheit, das Gegenteil von aller Selbstbestaunung und Selbstbelobigung.« Als Christen werden wir vom Wort Gottes dazu erzogen, eine gesunde Distanz zu uns selbst einzunehmen. Wir kennen uns, wenigstens ein bisschen. Deshalb stehen wir uns meist etwas selbstkritisch gegenüber und können oft herzhaft über uns lachen.

Humorvolle Menschen erweisen sich als demütig und bescheiden. Sie wissen: Ich bin nicht der Nabel der Welt. Auch mein Wissen ist »Stückwerk« (1. Korinther 13,9). Das steht gegen alle Selbstüberschätzung, die sich gern zu viel zumutet und die gelegentlich daran zerbricht. Man verlangt mehr von sich als man wirklich geben kann. Viele zerbrechen daran.

Fanatischen Ernst und Enthusiasmus und humorlosen Eifer haben wir genug, aber Freude?

Was sind wir oft für besorgte und zerknitterte Christen. Als ob auf uns die gesamte Last des Reiches Gottes und die der Welt läge! Uns geht es wie dem kleinen Vogel, der auf dem Rücken liegt und seine Füße gegen den Himmel stemmt. »Was machst du da?«, fragt ein Vogel, der vorüberkommt. »Siehst du nicht, wie ich mit meinen Beinen das Firmament trage?«, entgegnet der kleine Vogel und zittert dabei vor lauter Kraftanstrengung. Plötzlich knackt es im Busch. Und schwuppdiwupp ist unser Vogel entschwunden. Doch welch Wunder: Das Himmelszelt befindet sich nach wie vor an seinem Platz.

Manchmal mögen wir uns wie der kleine Vogel fühlen: Alle Last liegt auf mir. Alles kommt auf mich an. Doch dabei vergessen wir, dass Gott nach wie vor alles im Griff hat. Er »sitzt im Regimente und führet alles wohl« (Paul Gerhardt). Wer das weiß, kann viel lockerer leben. Er kann es halten wie das schwäbische Mütterlein, das eines Tages von seinem Pfarrer besucht wurde. Dem war das Herz schwer. Er hatte so viel zu klagen! Nun nimmt er die Gelegenheit wahr, alles einmal auszuschütten. Die alte Frau hört sich das in Ruhe an und beruhigt ihren Pfarrer: »Aber Herr Pfarrer, es wird schon alles recht werden, wenn nur der Herrgott g'sund bleibt.«

»Aber Herr Pfarrer, es wird schon alles recht werden, wenn nur der Herrgott g'sund bleibt.«

Zum Glück müssen wir uns über Gottes Gesundheit nicht den Kopf zerbrechen. Gott ist da und umgibt uns von allen Seiten. Das steht felsenfest. Deshalb kann »die Stadt Gottes fein lustig bleiben mit ihren Brünnlein, denn Gott ist bei ihr drinnen« (Psalm 46,5f). Deshalb geht die Freude niemals aus.

Humor erweist sich als ein probates Mittel gegen alle fromme Wichtigtuerei, die es bekanntlich auch unter Christen gibt. Je mehr wir uns aufblasen, desto weniger haben wir zu lachen. Aus diesem Grund sind die Eiferer aller Art – Kommunisten, Faschisten, religiöse Fanatiker – so schrecklich humorlos. Sie sind regelrecht verbiestert und haben nur Kreuzzüge im Sinn. Weil sie meinen, die Wahrheit in der Tasche zu haben, gehen sie verbissen einher, um anderen das, was sie Wahrheit nennen, notfalls mit Gewalt aufzudrücken. Fröhliches, unbeschwertes Lachen, gar noch über sich selbst, ist ihnen fremd.

Doch wer um die Wahrheit weiß, die Jesus Christus heißt, muss sich nicht mehr so schrecklich wichtig nehmen. Um die Wahrheit muss man nicht kämpfen. Sie muss auch nicht eisern verteidigt werden, denn sie setzt sich immer wieder durch. Das macht uns ruhig und zuversichtlich.

Doch manchmal geht es merkwürdig zu, besonders unter solchen frommen Leuten, die sich selber im Recht wähnen und die deshalb gerne andere ermahnen. Als »früher« beispielsweise die Frommen aus dem Siegerland hörten, dass die württembergischen Christen gern einen Schoppen Wein trinken, fiel ihnen vor Schreck … die Zigarette aus dem Mund. Hier lassen »Splitter und Balken« grüßen, von denen Jesus in seiner Bergpredigt spricht (Matthäus 7,3). Das scharfsichtige Wahrnehmen der – vermeintlichen – Fehler der anderen macht blind für die eigenen Defizite: Im Siegerland wurde und wird bekanntlich viel geraucht. In den christlichen Vereinshäusern hat man noch vor einigen Jahrzehnten vor der Bibelstunde seine Pfeife an ein Brett gehängt, um nach Amen und Segen gleich wieder nach ihr zu greifen.

Weil wir für Gott wichtig sind, müssen wir nicht mehr aus uns machen, als wir sind. Wir haben es nicht nötig, uns in den Vordergrund zu spielen. Ganz im Gegensatz zu jenem Kardinal, der eines Tages den Papst aufsucht: »Heiliger Vater, du kennst mein tugendhaftes Leben. Tu mir den Gefallen und sprich mich heilig!« Der Papst wiegt bedenklich seinen Kopf und wehrt ab: »Ich kann nur Leute heiligsprechen, die längst verstorben sind.« Da ist der Kardinal schwer enttäuscht: »Heiliger Vater, kannst du in meinem Fall keine Ausnahme machen?« Darauf der Papst: »Ich habe eine Idee und mache dir einen Vorschlag: Du stellst dich scheintot, dann spreche ich dich scheinheilig!«

Da stehen einige Jungen zusammen und rühmen ihre Väter über den grünen Klee. Einer versucht den anderen zu übertrumpfen. »Wenn mein Vater ein paar Worte aufs Papier schreibt, ist das Gedicht fertig und er bekommt dafür 50 Euro.«

»So wenig?«, fragt der Zweite: »Wenn mein Vater einige Worte aufs Papier schreibt, bekommt er für das Lied sogar 100 Euro.«

»Ist ja gar nichts«, hält der dritte Junge dagegen, »wenn mein Vater einige Worte aufs Papier schreibt, ist die Predigt fertig. Hinterher braucht er vier Leute, um das ganze Geld einzusammeln!«

Oft zeigt sich unsere Selbstüberschätzung auch darin, dass wir ganz bestimmte Vorstellungen haben, wie Gott handeln müsste. Dann erwarten wir, dass die Gebete ganz in unserem Sinn erhört werden. Das kann jedoch danebengehen. Wir melden bei Gott unsere Bedürfnisse an. Aber Gott sieht mehr: Er sieht das, was wir wirklich brauchen. Wie groß hier der Unterschied sein kann, geht mir an einer kleinen Geschichte auf, die mir ein Pfarrer erzählt hat: Als kleiner Junge besuchte er für mehrere Tage seinen Großvater. Abends beim Schlafengehen sieht er, wie der Großvater seine Zähne aus dem Mund nimmt und sie unter dem Wasserhahn abspült. Das gibt's doch nicht! Er selber muss zur Zahnbürste greifen und mit ihr mühselig in seinem Mund Zahn für Zahn herumstochern – und bei dem Großvater geht das so einfach. Da wird unser Junge neidisch. Und dann betet er Tag für Tag: »Lieber Gott, schenk mir doch bitte so schöne Zähne, wie sie der Großvater hat!« Das Bedürfnis ist groß. Aber was er wirklich braucht, ist nun wirklich etwas anderes. Später, als Erwachsener, bekennt er lächelnd und froh: »Wie danke ich Gott, dass er dieses Gebet nicht erhört hat!«

Zum Glück ist Jesus nicht gekommen, um unseren Bedürfnissen nachzugeben und unsere oft sehr kurzsichtigen Wünsche zu befriedigen. Er denkt gar nicht daran, nun das postwendend zu erfüllen, was uns gerade in den Kopf schießt. Jesus sieht, was wir eigentlich und wesentlich brauchen. Wir selber überschauen ja nur sehr begrenzt, was für uns gut ist. Wir haben nicht den Überblick Gottes, sondern nur eine begrenzte, schmale Perspektive. Deshalb sollten wir es vermeiden, Gott auf das festzulegen, was uns in den

Sinn kommt. Martin Luther hat das eingesehen: »Wenn mein Wille nicht geschieht, geschieht das, was besser für mich ist.«

Aber manchmal beten wir und erwarten von Gott, dass er uns auf eine bestimmte Weise zu Hilfe kommt. Dabei kann man sich mächtig ins eigene Fleisch schneiden. Ein Christ ist in Afrika unterwegs. Plötzlich durchfährt ihn in der Steppe ein mächtiger Schrecken: Ein Löwenrudel stürzt auf ihn zu. Schreckensbleich nimmt er wahr, wie die Löwen voller Appetit ihre Zähne fletschen und anfangen, ihre Pranken begierig nach ihm auszustrecken. Da reicht es für unseren Mann nur noch zu einem kurzen Stoßgebet: »Herr, lass doch diese wilden Tiere fromm werden!« Und tatsächlich – mit einem Mal wird es um ihn herum ganz still. Vorsichtig öffnet unser Mann seine Augen. Die Löwen haben sich artig im Kreis um ihn geschart. Sie haben sogar ihre Hände gefaltet! Da hört der Mann, wie der Oberlöwe betet: »Komm, Herr Jesu, sei du unser Gast!«

»Wenn mein Wille nicht geschieht, geschieht das, was besser für mich ist.«

Tja … da waren die Löwen tatsächlich »fromm« geworden, aber nicht so, wie unser Mann sich das gewünscht hatte. Sein Gebet war erhört worden – aber zum eigenen Schaden. Glücklicherweise handelt es sich dabei nur um eine erdachte Geschichte. Aber es tut uns gut, ihren Wahrheitsgehalt zu beherzigen.

Das bewahrt uns vor egoistischem, selbstbezogenem Beten. Es entspricht nicht unserer Stellung als Menschen, wenn wir festlegen wollen, wie Gott einzugreifen hat. Wir sollten ihm freistellen, in welcher Art und Weise er sich um uns kümmert.

Wenn wir uns derart wichtig nehmen, hat Gott auch etwas zum Lachen: Er »lacht« und »spottet« über die, die so klug sein wollen wie er (Psalm 2,4).

Selbstüberschätzung und Reinfall liegen dicht beieinander. So lobte die Pfarrfrau nach dem Gottesdienst ihren Gatten über den grünen Klee: »Schatz, du hast wieder gewaltig gepredigt. Ich habe genau gesehen, wie auf der Empore ein Mann in Tränen ausgebrochen ist.«

»Ja«, gab der Mann zurück, »ich habe es auch gesehen. Es war mein alter Theologieprofessor!«

Das Wissen um Gottes herrliche Zukunft

Es wird die Stunde kommen, da wird »unser Mund voll Lachens« sein (Psalm 126,2). Das wird uns heute angekündigt. Deshalb haben wir bereits jetzt Grund zum Freuen. Weil wir einmal in Gottes ewiger Herrlichkeit viel zu lachen haben werden, fangen wir heute schon ein bisschen damit an. Indem wir das tun, oft unterbrochen von Schmerzen und Sorgen, nehmen wir ein Stück des Himmels vorweg. Der Theologe Helmut Thielicke (1908-1986) hat einmal formuliert:

»Humor ist eine zeichenhafte Vorwegnahme der Weltüberwindung.«

Der Schriftsteller Jean Paul (1763-1825) hat gewusst: »Nur der, der um die Ewigkeit weiß, hat rechten Humor.« Christen lachen zuletzt. Wenn anderen das Lachen vergehen wird, geht es bei uns erst richtig los: Jesus kommt wieder, und Gott schafft einen neuen Himmel und eine neue Erde. Darauf gehen wir zu.

»Humor ist eine zeichenhafte Vorwegnahme der Weltüberwindung.«

Anders das alte Ehepaar, von dem ich kürzlich hörte. Beide sind über achtzig Jahre alt. Nun sind sie in ein Altenheim übergesiedelt. Sie rufen einen Freund an, um ihm die neue Adresse mitzuteilen. »Wie geht es euch?«, fragt der. »Nun ja«, antworten die beiden, »wir sitzen da und warten auf den Tod.«

Als ich das hörte, ging es mir durch und durch. Was für ein armseliger Lebensabend! Zwei betagte Menschen erwarten nichts Gutes mehr. Sie sehen lediglich ihr Ende vor sich. Eine Hoffnung über den Tod hinaus haben sie nicht. Nun sitzen sie da und warten auf ihren Tod. Mehr liegt nicht drin. Was für trübe Aussichten!

Doch so arm muss keiner dran sein. Denn wo wir uns auf Jesus einlassen und ihm vertrauen, eröffnet sich uns Zukunft ohne Ende. Ganz gleich, wie alt wir sein mögen: Das Schönste liegt immer noch vor uns.

Wenn es einmal an unser Sterben geht, starten wir dabei durch in ein neues, schöpferisches Leben. Der Tod bringt uns nicht mehr *ums* Leben, sondern *ins* Leben. Wir werden nicht ausgelöscht, sondern verwandelt.

Wer das weiß, kann sich heute schon freuen. Was uns gegenwärtig zusetzt, was uns ärgert und Kummer macht, ist immer nur etwas Vorletztes. Am Ende unseres Lebensweges steht Jesus. Er erwartet uns in Gottes Herrlichkeit. Er will mit uns verbunden sein für alle Zeit. Das hat Paul Gerhardt gewusst, der mitten in der bitteren Zeit des Dreißigjährigen Krieges singen konnte: »Kreuz und Elende, das nimmt ein Ende; nach Meeresbrausen und Windessausen leuchtet der Sonnen gewünschtes Gesicht. Freude die Fülle und selige Stille wird mich erwarten im himmlischen Garten; dahin sind meine Gedanken gericht'.«

Wer davon überzeugt ist, geht fröhlich seinen Weg. Weil er ein wunderbares Ziel vor Augen hat, wird sich die Freude immer wieder durchsetzen, selbst dann, wenn schwierige und unübersichtliche Wegabschnitte zu bewältigen sind. »Ich gehe auf das Leben zu«, hat eine Frau mittleren Alters formuliert, die von einer unheilbaren Krankheit befallen wurde. In einem Tagebuch hat sie festgehalten, wie es gesundheitlich mit ihr mehr und mehr bergab ging. Nach einiger Zeit konnte sie sich nur noch mit einem Rollstuhl fortbewegen. Am Ende war sie komplett pflegebedürftig. Das war für sie selbst, aber auch für ihre Familie außerordentlich schmerzlich. In dem unaufhaltsam fortschreitenden Zerfall ihrer Gesundheit und angesichts des bevorstehenden Todes konnte sie dennoch getrost nach vorn schauen: »Ich gehe auf das Leben zu!« Dieses Wissen hat ihr die Kraft gegeben, die Mühsal ihrer Krankheit zu ertragen und mit einer – menschlich gesprochen – aussichtslosen Lage umzugehen. Sie war sich dessen bewusst, was der Liederdichter Christian Fürchtegott Gellert (1715-1769) in einem Osterlied besingt: »Jesus lebt, nun ist der Tod mir der Eingang in das Leben.«

Wo wir uns im Glauben mit Jesus Christus verbunden wissen, kann es keine Situation geben, in der wir nur vom Dunkel und von Ausweglosigkeit umgeben wären. Wer Jesus kennt, hat immer ein Licht, immer eine Perspektive, und deshalb immer Grund zum Freuen. Uns als Christen gehen die Lichter niemals aus. Unser Humor heute ist demzufolge eine bescheidene Rate des Glücks, das in der Ewigkeit auf uns wartet. Und wir werden heute so viel an Freude und Humor haben, wie wir Jesus Raum geben.

Leider trocknet uns nun manchmal der himmlische »Humus« aus, der uns mit inneren Nährstoffen versorgt. Unser Alltag schiebt sich eher trist dahin. Sorgen haben sich als ungebetene Gäste bei uns einquartiert. Kummer rumort in unserem Innern. Davon wird die Freude an Jesus überlagert. Dann wird es Zeit, innezuhalten, die Sinne auf Gott zu richten und sich von Gott neu beschenken zu lassen. Dazu hilft uns sein Wort in der Heiligen Schrift und nicht zuletzt die Verkündigung in der christlichen Gemeinde. Da tanken wir auf.

Gott möchte uns zu fröhlichen und getrosten Menschen machen. Dann werden wir anderen zu »Gehilfen der Freude« (2. Korinther 1,24). Die Freude des Glaubens, die uns erreicht hat und beglückt, springt auf die Menschen neben uns über. Diese Freude kann sich sehen und hören lassen. Sie tut rundum gut. Sie erweist sich als das beste Werbemittel für Jesus und den Glauben. Christen, die ihren Glauben selbstverständlich und fröhlich leben, machen andere hellhörig. Vielleicht werden sie neugierig, dem Glauben näher zu kommen und sich auf Jesus Christus einzulassen. In der christlichen Freude steckt eine großartige missionarische Energie. Freude strahlt aus. Freude steckt an. Freude gewinnt.

Freude strahlt aus.
Freude steckt an.
Freude gewinnt.

Christen sind ein seliges Volk,
die können sich freuen von Herzen und rühmen,
pochen und tanzen und springen.
Das gefällt Gott wohl
und tut unserem Herzen sanft,
wenn wir auf Gott trotzen,
stolzieren und fröhlich sind.
Was wollt ich nehmen für die Freude,
dass mir mein Herr und Gott
alle Engel hat zu Freunden gemacht,
ja, Himmel und Erde,
ja, meinen lieben Gott und Vater im Himmel?
Da sollten wir springen und fröhlich sein
und sollt unser Leben nichts anderes
denn ein Halleluja sein,
was es denn auch ist.

Martin Luther

Eckart zur Nieden

Leuchtfisch oder Salzhering

Rüdigers kurzweilige Betrachtungen über Gott und seine Welt

144 Seiten, Taschenbuch,
ISBN 978-3-7655-3978-7

Rüdiger ist ein pflichtbewusster Familienvater, hilfsbereiter Nachbar und zudem aktives Gemeindemitglied. Dabei gerät er immer wieder in brenzlige Situationen. Etwa beim hochnotpeinlichen Straßeneinsatz mit jämmerlichem Chorgesang. Oder im Straßenverkehr, als er seinen bibelfesten Glaubensbruder dazu bringen muss, freundlicherweise doch am fremden Joch zu schieben ... Geschichten voller Situationskomik und entwaffnender Ehrlichkeit.

BRUNNEN VERLAG GIESSEN
www.brunnen-verlag.de

Eckart zur Nieden

Sehr geehrter Herr Isaak

Briefwechsel mit biblischen Senioren

64 Seiten, gebunden,
ISBN 978-3-7655-1885-0

»Zugegeben, ich habe an die ›Glaubensväter‹ nicht wirklich geschrieben, und sie haben mir nicht eigenhändig geantwortet. Aber das haben Sie ja sicher auch schon vermutet. Und doch haben sie mir in gewisser Weise geschrieben. Sie haben sich mir ins Herz geschrieben … Das hängt auch damit zusammen, dass ich eine erstaunliche Übereinstimmung feststellte zwischen meinen Problemen und denen dieser biblischen Gestalten. Und wenn die Probleme ähnlich sind, können dann nicht auch die Lösungen ähnlich sein? …“

Eckart zur Nieden

BRUNNEN VERLAG GIESSEN
www.brunnen-verlag.de